COMMANDANT TEILLARD

L'EXPANSION EUROPÉENNE

EN AFRIQUE

Étude de sociologie et d'histoire philosophique des Migrations, des Conquêtes, de la Civilisation et de la Colonisation

1897

CONFÉRENCE

SUR L'EXPANSION EUROPÉENNE EN AFRIQUE

SOMMAIRE

Les Races noires. — *L'Esclavage et la Traite.*

Les Races sémitiques et touraniennes. — *Les Arabes, les Juifs et les Turcs.*

L'Afrique religieuse. — *Le Paganisme et l'Islamisme.*

La Civilisation de l'Afrique. — *Les Chamites, les Sémites, les Aryens japhétiques; la lutte de l'Islamisme et du Christianisme; la revanche de l'Islam au dix-neuvième siècle.*

La Colonisation des territoires africains. — *La domination morale et la colonisation matérielle; la dépopulation; l'éducation française contemporaine.*

Colonies d'exploitation. — *La question monétaire et la haute banque juive ; la coalition commerciale contre la France et l'exploitation des capitaux français ; la décadence du commerce français.*

Le Conflit anglo-allemand. — *La puissance financière et maritime de la Grande-Bretagne.*

État actuel des Colonies européennes en Afrique. — *Les États libres ; la situation de la France ; sa politique coloniale ; son rôle dans le monde.*

L'EXPANSION EUROPÉENNE EN AFRIQUE

Mon Général,

Mon Colonel,

Mes chers Camarades,

Une conférence sur l'expansion européenne en Afrique peut paraître, au premier abord, une entreprise périlleuse, injustifiable, impossible même, surtout dans l'état actuel des connaissances géographiques et scientifiques de cette immense région.

En effet, nous lisons fréquemment dans les feuilles publiques, tant en France qu'à l'étranger, que de hardis explorateurs, des missionnaires dévoués, de vaillants officiers ont retracé, devant un auditoire enthousiaste, les phases de leurs longues et pénibles pérégrinations dans les déserts, les pays sauvages ou barbares, luttant contre la faim et la soif, la chaleur ou le froid, les difficultés matérielles de la marche dans des contrées dépourvues de routes et de gîtes d'étapes.

Que pourrait produire ma faible parole, au milieu de ces récits vécus et rendus vivants par les auteurs mêmes de ces merveilleux exploits, par tous ces hommes si dignes d'être admirés qu'on appelle les pionniers de la civilisation ?

Saluons, en passant, ces hommes d'action et de foi robuste, ces âmes viriles et généreuses qui dirigent l'exploration de contrées souvent inhospitalières et meurtrières, comme on se découvre devant le drapeau de la France qui flotte, grâce à Dieu, sur nos belles colonies de la terre africaine.

D'autre part, le progrès des sciences géographiques a mis à la portée de tous les faits qui sont du domaine de l'exploration et de la colonisation.

Des revues périodiques, illustrées ou techniques, des ouvrages d'histoire ancienne ou préhistorique, des atlas et des cartes de détail, le tout édité dans les divers pays du monde, écrit dans toutes les langues, propagé par les sociétés et les comités laïques ou religieux ; tout cela, dis-je, constitue un corps de doctrines, un manuel de connaissances qui peut servir tout à la fois de point de départ d'études et de concept intégral d'une science variée à l'infini et comprenant, dans ses branches principales : la paléontologie, l'ethnographie, la linguistique, la géographie physique, politique, économique et sociale.

Avec un pareil bagage littéraire et scientifique, chacun peut se renseigner et se mettre facilement au courant de la marche en avant de l'humanité dans les territoires neufs ou insuffisamment connus, suivre pas à pas les explorateurs, les missionnaires et les soldats, étudier sur le globe terrestre les itinéraires des marchands et des caravanes, le tracé des routes et des voies ferrées, enfin la construction des forts et des postes qui attestent et protègent les conquêtes.

Mon but n'est donc pas de marcher sur les brisées des savants géographes, des statisticiens et des professeurs; je n'y gagnerais que la réputation d'un pédant ou d'un plagiaire.

Mais si j'ai le regret de ne pouvoir m'élever à leur hauteur, au point de vue technique et dogmatique, mon ambition est d'aborder ce vaste sujet de l'expansion européenne en Afrique par un côté plus modeste peut-être, mais non moins intéressant, et qui s'harmonisera mieux, j'en ai la conviction, avec les idées qui se répandent davantage de jour en jour dans le public privilégié des intellectuels.

Je veux parler de l'exposé philosophique des migrations, de l'exploration, des conquetes, de la colonisation, en un mot de l'étude rationnelle, concrète et objective de cet ensemble des activités contemporaines qu'on est convenu d'appeler, à tort ou à raison, l'expansion de la civilisation européenne.

Si j'exprime une réticence sur ce point, c'est qu'à mon avis, l'expression de « civilisation européenne » est incomplète, antirationnelle, et par suite contraire à une véritable conception philosophique.

L'Europe, en immense majorité, est chrétienne;

donc notre civilisation, qui ne date pas d'aujourd'hui, ainsi que le prétendent des gens tout au moins mal informés, est bien et doit être franchement déclarée la civilisation du Christ.

Un philosophe contemporain, Daniel de Foë, a écrit cette phrase qui est vraie dans tous les temps, et que je livre à vos méditations : « Celui qui croit « avoir la vérité de son côté est un sot, aussi bien « qu'un lâche, quand il a peur de la confesser, à « cause du grand nombre des opinions des autres « hommes. »

Et avant lui Joubert avait dit, dans un langage plus élevé : « Plus une parole ressemble à une « pensée, plus une pensée à une âme, plus une « âme à Dieu, plus tout cela est beau. »

Vous me saurez gré, je l'espère du moins, de mettre au second plan tout le fatras pédagogique des géographes en chambre, qui nous donnent, sous forme de science, des litanies de noms propres ou communs, des kyrielles de statistiques sans intérêt, des élucubrations fantaisistes sur l'origine des races et toutes les compilations historiques mensongères.

Dans ce dédale de faits et de dates plus ou moins controuvés, les plus avisés font fausse route, la foule perd facilement le fil d'Ariane qui devrait la guider; en fin de compte, ceux qui cherchent la vérité ne la trouvent pas, parce que le phare qui devait les éclairer a été éteint inconsciemment ou de parti-pris par les pontifes de la science, qui ont souvent tout intérêt à mettre la lumière sous le boisseau.

Quel est donc ce flambeau qui illuminera nos intelligences en quête des véritables principes historiques et géographiques, éléments premiers et essentiels de la colonisation et de l'expansion civilisatrice?

Messieurs, je ne crains pas de l'affirmer, c'est l'Idée, fille de la Pensée.

« L'Idée, a écrit M. de Saint-Auban, l'Idée, quels que soient son but, sa physionomie, son allure, l'Idée haute, pure, sainte, comme l'Idée troublée, égarée, dévoyée; l'Idée n'est jamais, ne peut être une pacifique. L'Idée est une guerrière. L'Idée s'indigne des ténèbres, des tyrannies, des turpitudes ambiantes. L'Idée veut sauver, émanciper, régénérer, illuminer. L'Idée a l'horreur du présent, le présent est son ennemi. L'Idée rêve l'avenir; l'Idée veut changer le monde. »

Le même écrivain, poursuivant son idéal, ajoute :

« Ne cherchez pas à tuer la Pensée; elle ressuscite toujours! Voyez! On l'a pendue à tous les gibets, on l'a clouée à tous les piloris; elle a éclairé tous les gibets de ses rayons, elle a illuminé tous les piloris du feu de ses auréoles! On l'a décapitée, brûlée, torturée, crucifiée! Que la Pensée suive sa route, ne l'arrêtez pas. Qu'êtes-vous donc pour barrer son chemin? La Pensée! elle est l'Univers! Vous, vous n'êtes que des atomes! »

Voilà, certes, une belle page de littérature philosophique et bien suggestive pour tout homme de bonne foi qui ne se paie pas de mots vides de sens. Oui, Messieurs, c'est la Pensée qui féconde la parole et fait germer l'idée juste et vraie qui s'adresse à l'intelligence et à l'âme de l'observateur réfléchi et du philosophe !

Après ce long préambule, qui ne vous paraîtra pas, je l'espère, un hors-d'œuvre, si vous l'avez bien compris, j'entre dans le cœur de mon sujet ; ce qui est sans doute plus facile que de pénétrer dans le cœur de l'Afrique.

Le problème de l'expansion européenne en Afrique repose sur trois données principales, sur trois facteurs qui certainement ne sont pas des inconnues, et malgré cela l'équation n'est pas aussi facile à résoudre qu'on le croit généralement.

En effet, la colonisation africaine et la solution de l'expansion civilisstrice sont des questions connexes qui tournent dans un même cercle mû par trois rayons divergents et parfaitement dissemblables.

Ce sont trois éléments ethnologiques qui ont dans le sol des racines profondes et vivaces. Les voici, par ordre d'ancienneté : d'abord les Nègres et les populations négroïdes autochtones, puis les Arabes et les peuples arabisés, enfin les Européens.

Ces trois éléments correspondent à trois moteurs

principaux, qui les actionnent avec des puissances diverses : — le Paganisme fétichiste des nations sauvages ou dans un état rudimentaire de civilisation ; — l'Islamisme, avec une civilisation plus élevée en apparence, mais fausse dans le fond ; — le Christianisme, plus ou moins décadent, avec une civilisation extérieure et matérielle qui semble avoir atteint le *summum* de son développement.

En jetant un coup d'œil d'ensemble sur le continent africain, on peut dire, sans métaphore, qu'on y voit une nouvelle édition, à rebours, de l'histoire de la dispersion des hommes après le déluge : ce sont les enfants de Sem, Cham et Japhet qui, au lieu de se séparer, se concentrent de nouveau, cette fois sur la terre d'Afrique, qui, pendant de longs siècles, fut le domaine patrimonial de la race noire, plus ou moins pure de tout élément caïnite ou touranien.

Nous allons donc étudier, séparément et successivement, l'histoire des trois races de l'humanité qui sont destinées à se confondre longtemps encore dans une union plus apparente que réelle, à former un mélange plutôt qu'un alliage, avant que leurs éléments hétérogènes soient parvenus à se fondre dans le creuset du temps et dans la grande usine providentielle des siècles indéfinis.

I

LES RACES NOIRES

L'Esclavage et la Traite.

« Le sort des races noires, dit M. de Vogüé, va se jouer entre la civilisation européenne et la foi musulmane. » Puis, revenant sur ce sujet, il ajoute : « Présentement, l'Afrique est le dynamomètre où chaque race vient essayer son énergie. »

Il y a donc une question nègre sur la terre d'Afrique, comme nous avons une question sociale en Europe. Mais, sur le Continent Noir, le prolétariat revêt une forme spéciale et particulièrement odieuse: l'esclavage et la traite.

On confond quelquefois ces deux états, sans doute également condamnables, mais différents par les côtés essentiels et humanitaires.

L'esclavage est un mot élastique et qui se prête à des appréciations diverses. L'esclavage est sans doute une situation éminemment inférieure dans l'échelle des conditions de l'humanité, mais il peut varier depuis la domesticité familiale et patriarcale jusqu'à l'avilissement des chiourmes et des galériens.

Dans ce dernier degré, l'homme descend au rang de la brute, bien au-dessous du sauvage. En Afrique, toute la série, toutes les nuances de l'esclavage sont représentées, dans les tribus indépendantes comme dans les républiques ou les monarchies.

La traite, qui est une conséquence de l'esclavage, mais qui dérive surtout de l'abaissement ethnologique, social et religieux de la race nègre, rend l'homme inférieur même à la bête de somme et le met sur la même ligne que le fauve des forêts et des steppes du désert.

La traite, c'est la chasse à l'homme dans les bois et la brousse; c'est aussi le commerce des captifs dans les guerres civiles et politiques, si nombreuses, qui ensanglantent, perpétuellement et de temps immémorial, le sol africain, même dans les contrées où l'on rencontre une certaine civilisation, hélas! toute d'extérieur et de façade.

L'homme noir est un gibier comme un autre, et souvent aussi une victime offerte aux fétiches et aux génies du mal, chez les peuples de l'Afrique équatoriale et subtropicale. Il est surtout une marchandise, plus productive que l'ivoire même, cette source de richesse si appréciée par le commerce européen.

Malheureusement, les rois et les princes nègres ne sont pas les seuls coupables de cet infâme trafic de chair humaine; les Européens ont largement trempé dans cette incroyable monstruosité. L'Amérique, les Antilles, les rivages de l'océan Indien ont été colonisés avec les captifs et les esclaves nègres.

Toutefois, la condition de ces pauvres êtres, privés du bienfait suréminent de la liberté, était-elle encore plus douce au service des chrétiens que sous l'oppression païenne de chefs cruels et sanguinaires !

Quoi qu'il en soit, dans notre siècle dit de progrès, malgré les ordonnances des rois et les déclarations des gouvernements, voire même les dispositions généreuses et philanthropiques des associations anti-esclavagistes, la traite et l'esclavage continuent à régner dans une grande partie de l'Afrique, et le cardinal Lavigerie a évalué à 500.000 le nombre des victimes annuelles de cette infernale barbarie.

Or, Messieurs, quel est l'acteur principal dans ce drame sanglant, que réprouve si hautement notre civilisation chrétienne? Par qui sont préparées ces razzias de créatures humaines, qui, pour être d'une race inférieure, n'en sont pas moins nos frères? Quels sont les intermédiaires de ce commerce honteux, les courtiers et les trafiquants de cette industrie abominable et véritablement satanique?

Vous l'avez certainement compris d'avance; ce sont les sectateurs de l'Islam, les mahométans éhontés, ces traitants sans pudeur, qui trafiquent de la denrée humaine pour donner à leurs chefs et à leurs pachas les douceurs de l'oisiveté et pour garnir les harems de leurs princes de femmes et d'eunuques, sur les côtes de l'Afrique et de l'Asie, dans l'Inde et jusqu'à Constantinople.

II

LES RACES SÉMITIQUES ET TOURANIENNES

Les Arabes, les Juifs et les Turcs.
L'Afrique religieuse. — Le Paganisme et l'Islamisme.

Voilà donc le deuxième élément ethnologique qui entre en jeu, dans la balance des forces sociales, politiques et religieuses de l'Afrique. Il est temps de pénétrer dans le mystère de ces races sémitiques et touraniennes, dont les Arabes et les Turcs sont le plus bel ornement, sans oublier les Juifs qui auront leur tour, vous le pensez bien !

Jetons hardiment un coup d'œil sur les disciples de Mahomet qui s'abritent si fièrement sous les plis de l'étendard du Prophète, à l'ombre du Croissant qui cache tant de hôntes et de turpitudes religieuses ou sociales.

Un voyageur célèbre, qui le premier explora les contrées négritiennes, l'anglais Barth, dit formellement : « Je crois à la vitalité de l'Islamisme. » Et le capitaine Le Chatelier est plus explicite encore : « Le fait qui domine l'évolution moderne du monde islamique est le prodigieux mouvement de rénovation et de propagande qui s'accomplit en Asie, en Afrique surtout. »

L'Afrique, peuplée d'environ deux cents millions d'habitants, se divise, au point de vue religieux, en deux parts sensiblement égales : cent millions de païens naturistes, animistes ou fétichistes, rarement spiritualistes, et quatre-vingt-dix millions de mahométans. A côté de ces immenses sectes, le christianisme n'a conquis qu'un nombre restreint de fidèles, soit 8 millions, dont 6 millions de schismatiques, 1.500.000 catholiques romains et 650.000 protestants.

Les Juifs ou Israélites n'ont en Afrique que 350.000 corréligionnaires, contre 6 millions en Europe.

Les Catholiques sont répandus un peu partout, jusque dans les tribus les plus sauvages, mais il n'y a de groupement sérieux que dans l'Égypte, la Tunisie, le Sénégal, l'Algérie, les iles de l'Atlantique et le bas Congo.

Les Protestants sont installés de préférence dans les colonies anglaises, allemandes ou hollandaises.

On rencontre les Juifs partout où il y a des affaires commerciales à traiter et de l'argent à drainer par des prêts usuraires ou des entreprises financières. L'aire principal de leur habitat est le Maroc, avec des centres secondaires en Algérie, en Tunisie, en Égypte et dans l'Afrique australe.

On les trouve sous toutes les latitudes, au milieu de toutes les tribus, jusqu'au centre du Sahara, partout conspués, méprisés et haïs, parqués dans certains quartiers des villes, comme des lépreux ou des pestiférés. Les Arabes leur interdisent même de s'approcher des mosquées ou des couvents de confréries, et, dans certaines contrées, ils ne peuvent sortir de leur domicile que les pieds nus et revêtus d'un insigne spécial qui les distingue des autres hommes.

Quant aux nègres de différentes races : Nigritiens, Soudanais, Nubiens, Bantous, Cafres, Hottentots, Zanzibarites, avec leurs nombreuses subdivisions, ils n'ont jamais su former une grande confédération politique, en dehors de certains empires d'une durée éphémère; comment auraient-ils pu se grouper en société religieuse? Le lien religieux n'existe pas pour ces pauvres créatures avilies dans un polythéisme stupide et grossier. Les populations nègres qui n'ont pas été converties à l'islamisme sont engrenées dans la superstition du fétichisme sanguinaire, hypnotisées par la crainte des mauvais génies qu'elles apaisent par des sacrifices sanglants.

Enfin, ce qui est plus grave et plus dangereux pour l'avenir de leur civilisation, les peuples d'Afrique noire — au moins certaines tribus — rendent un culte officiel à des animaux comme le serpent, ou bien à Satan et à Lucifer, c'est-à-dire à l'esprit du mal dont ils redoutent, à bon droit, les maléfices et les enchantements.

Et maintenant, si nous portons nos regards et nos investigations sur la religion de l'Islam, quelle différence avec le paganisme simpliste et naturiste des races noires que nous venons d'étudier !

Voyez cette centralisation puissante de l'esprit mahométan ! Les deux tiers de l'Afrique se trouvent sous sa domination effective : De la Méditerranée à l'Équateur et de la côte de Zanzibar au golfe de Guinée, son influence se fait sentir jusque dans les tribus les plus éloignées des centres de civilisation ; les races noires de la Nigritie, du Soudan, de la côte orientale et des grands lacs de l'Afrique centrale sont absorbées par la propagande de ses audacieux et infatigables missionnaires.

Un gouverneur de nos établissements français de Guinée a osé prétendre que l'islamisme devait être soutenu dans nos colonies africaines, parce qu'il constituait un progrès sur le paganisme des races autochtones et qu'il facilitait notre expansion civilisatrice.

Je m'inscris en faux contre cette affirmation, et je vais prouver, au contraire, que la religion de Mahomet est absolument opposée à l'extension de nos colonies et à la propagation de nos idées, de nos mœurs, de nos croyances, en un mot de tout ce qui constitue la supériorité morale et intellectuelle des nations de l'Europe et du Nouveau-Monde américain ou australien.

En effet, ce qui représente le capital social des peuples civilisés, la base et le noyau de la culture supérieure des races aryennes, c'est sans contredit : la Religion, la Famille et la Propriété.

Voilà bien le trépied de la société, le faisceau solidement enserré par le lien puissant de la Patrie !

Or la religion de Mahomet et du Coran, à part quelques maximes surnaturelles empruntées à la Bible et à l'Évangile, n'est qu'un tissu de mensonge et d'orgueil, de fourberie et d'hypocrisie, enfin un appel souvent non déguisé au vol, au meurtre, au sensualisme et à toutes les passions qui ravagent l'humanité.

Certes, je reconnais qu'il y a des Musulmans dont le spiritualisme, la piété même, pourraient confondre bien des Européens sceptiques et libre-penseurs ; mais, dans son ensemble, l'Islamisme est une religion qui se rapproche fortement du pharisaïsme juif, quand elle n'est pas l'emblème du fanatisme et d'une implacable cruauté.

Et la famille ! Que devient-elle dans cette société mahométane ? Où est cette fécondité qui devrait, en apparence, résulter de la polygamie si chère aux sectateurs de l'Islam ?

En fait, les Mahométans se sont renouvelés et ont grossi leur nombre principalement par la conquête et par la conversion forcée des peuples soumis à leur domination.

La pluralité des femmes est, d'ailleurs, une situation exceptionnelle réservée aux sultans, aux pachas, aux chérifs et à quelques grands chefs ou personnages haut placés dans les cours musulmanes.

En réalité, savez-vous le résultat auquel l'Islamisme est arrivé, en ce qui concerne la famille? Tout simplement au divorce. On compte que, chez les Mahométans, les cas de divorce atteignent la moitié du nombre des mariages.

Là encore nous trouvons une analogie frappante avec la famille juive des anciens âges, où la polygamie conduisait au divorce sanctionné également par la loi et la religion.

Enfin, la propriété! Comment est-elle comprise par les Arabes, qui sont les propagateurs les plus zélés de l'Islam, qui furent jadis et qui sont encore des conquérants?

Pour ces fiers despotes, la propriété c'est la domination brutale des nations vaincues. C'est l'organisation féodale immuable dans la suite des siècles, sans espoir de progrès social et avec son cortège d'esclavage et de guerres civiles ininterrompues.

Dans les races aryennes, la féodalité avait, comme correctif, la chevalerie et ses nobles dévouements, et aussi l'unanimité des croyances qui ont constitué la patrie française.

Dans le monde musulman, il y a un solide lien religieux, imposé par le fanatisme à des populations fatalistes et incapables de secouer le joug; mais le patriotisme ne peut pas exister, parce qu'il n'y a pas communauté d'intérêts, que le sol n'appartient qu'aux vainqueurs, qu'enfin la vie communale et familiale est précaire ou n'existe qu'à l'état de tribus morcelées, indépendantes, le plus souvent rivales et désolées par d'interminables guerres.

A cette situation d'infériorité sociale, politique et religieuse des peuples arabes, sont venus s'ajouter la cruauté et l'instinct de pillage des Turcs, ces terribles écumeurs de la mer, forbans et corsaires redoutés pendant toute la période moderne, et qui entravèrent jusqu'au milieu de ce siècle le commerce européen dans les eaux de la Méditerranée, sur les côtes de l'Afrique et de l'Asie-Mineure.

Quant aux Juifs, qui sont des Sémites comme les Arabes, leur aversion marquée pour la lutte à main armée les a éloignés de toute entreprise guerrière; mais, s'ils n'ont pas écumé la mer, ils ont drainé les bourses et ruiné la propriété par l'usure, la mauvaise foi commerciale, l'accaparement des immeubles et des capitaux.

L'antisémitisme, s'il est logique, doit donc comprendre dans une même action comme dans une répulsion semblable : la juiverie contemporaine et la foi musulmane.

Les lois historiques sont immuables et leurs conséquences inéluctables dans la vie des peuples : Israélites et Ismaélites sont issus de la même souche ethnologique. Les premiers sont les héritiers de la femme libre; les seconds sont les fils de l'esclave.

De cette différence d'origine naquit l'antagonisme qui les sépare encore aujourd'hui; mais le sang est le même, et les Sémites sont unis dans une même haine héréditaire et séculaire contre les Aryens japhétiques de la grande famille indo-européenne.

Si la Juiverie est, à notre époque, en pleine prospérité, le Mahométisme a subi, dans ce siècle, un échec grave, à la suite de la conquête de l'Algérie. Mais le mouvement de recul est enrayé, et les confréries musulmanes préparent un retour offensif, une revanche, dont le prélude est nettement caractérisé par les insurrections du Soudan égyptien, par les révoltes des chefs indigènes du Sahara, du Sénégal et du Soudan français, enfin par la question arménienne et crétoise, qui préoccupe si vivement l'opinion publique en ce moment.

Oui, Messieurs, il y a un péril musulman, qui sera plus difficile à vaincre que la sauvagerie des nègres. Il y a une politique de l'Islam, que les diplomates européens combattront moins aisément que les querelles internationales. Les chancelleries des grandes puissances pourraient avoir du fil à retordre, le jour où elles voudraient régler, par la seule force des armes, cette éternelle question d'Orient, qui est surtout, dans son principe, une question religieuse, car le Chef des Croyants peut mobiliser une armée de fidèles qui ne serait certes pas une quantité négligeable dans la conflagration des races et des peuples.

Voici, d'ailleurs, un extrait de *la Revue des Deux-Mondes* qui va résumer la politique de l'Islam à la fin du dix-neuvième siècle :

« Le Sultan actuel, Abdul-Hamid, a organisé un
« comité panislamique dont le programme porte

« d'envelopper le christianisme catholique dans un « cercle étroit, de le battre en brèche de tous côtés « avant de le frapper au cœur, de fortifier ses adver« saires et de proclamer l'Islamisme la religion uni« verselle et le Coran la loi devant laquelle l'huma« nité entière doit se courber. Le comité, que pré« side le Sultan, a dépensé, depuis vingt ans, pour « la propagation de l'Islamisme dans le monde, « quelque chose comme deux milliards de francs.

« Non seulement il créa des succursales dans les « grands centres de l'Empire turc, non seulement « il organisa des sectes sanguinaires pour extermi« ner les chrétiens, mais il envoya une véritable « armée de religieux pour convertir l'Afrique noire, « les Iles malaises, l'Inde, Madagascar, les deux « Amériques, etc.

« Il envoya des missions en Angleterre, en Alle« magne, en Suède et ailleurs. Il fonda des journaux « islamiques à New-York, à Paris, à Athènes, à « Buda-Pesth, etc. A Leipsick, à Dresde, des pro« fesseurs allemands prêchent l'Islamisme.

« La politique du comité panislamique est exacte« ment calquée sur celle de sa sœur, l'Alliance « israélite universelle ; ce sont deux armées crimi« nelles combinées et poursuivant un seul et même « but : la désagrégation des sociétés chrétiennes, « catholiques et grecques, et l'étouffement de « l'Église romaine.

« En France, le progrès croissant des divorces « conduira fatalement les Français à la polygamie, « une des grandes étapes de l'Islamisme. »

J'avais donc raison d'affirmer que Israël et Islam, c'est tout un, c'est-à-dire l'ennemi séculaire de la France aryenne et catholique.

Enfin, voici le moment arrivé de vous présenter le troisième élément ethnologique de la civilisation africaine, le troisième facteur du problème de l'expansion coloniale sur le Continent Noir, je veux dire : la domination européenne, avec sa puissance suréminente dans l'ordre matériel, intellectuel et moral.

Cette troisième et dernière partie de mon travail sera, je l'espère, le couronnement indiscutable et la conclusion naturelle des faits historiques, sociaux et religieux que je viens d'exposer.

III

HISTORIQUE DE LA CIVILISATION AFRICAINE

Les Chamites, les Sémites, les Aryens japhétiques.
La lutte du Christianisme contre l'Islam.

« Il y a deux sortes de lettrés, dit un proverbe chinois : les uns sont des hommes, les autres des petits hommes ; les hommes étudient pour connaître, les petits hommes pour être connus. »

Que d'hommes, même réputés savants, ne jugent les questions historiques et sociales que d'après des idées conventionnelles, sans se donner la peine d'aller aux sources de la vérité scientifique. Cependant ils affirment sans preuves et prennent parti pour une idée sans l'avoir soumise au *criterium* du simple bon sens, à l'épreuve de la tradition et des découvertes paléontologiques, archéologiques ou préhistoriques.

Aussi un grand patriote et un illustre penseur, Silvio Pellico, a-t-il pu dire avec raison que les époques les plus corrompues sont celles où l'on ment davantage.

Dans notre fin de siècle, on est allé plus loin ; les coryphées de la négation ont détrôné, parait-il, l'ignorance, pour la remplacer, pardonnez-moi l'expression, par le *je-m'en-foutisme,* qui est d'ailleurs plus commode pour la somnolence et la douce quiétude de l'intelligence et de la volonté.

Cette digression m'a paru nécessaire avant d'aborder l'historique de l'expansion civilisatrice et de la colonisation européenne, dont l'étude technique pourrait sembler ingrate et inutile, sinon prétentieuse et indigeste.

Pour ne pas tomber dans l'erreur de maître Petit-Jean, je ne remonterai pas à la création du monde, et, me conformant à l'avis de Dandin, je passerai au déluge, et le plus rapidement possible, pour ne pas me laisser submerger par l'océan de la science, qui n'est souvent d'ailleurs que l'eau plus ou moins saumâtre d'un misérable puits.

Rassurez-vous ; je serai bref et concis, mais sans nuire à la clarté et à la précision.

L'Afrique fut habitée, à l'origine des âges historiques, par des populations de race chamitique, dont les unes atteignirent un haut degré de civilisation en Égypte, tandis que d'autres, berbères ou nègres, ne participèrent qu'indirectement à la culture matérielle, intellectuelle et morale de leurs frères de la vallée du Nil.

Le règne de la famille chamitique dura pendant des milliers d'années, sans concurrents sur la terre africaine, et son influence scientifique, littéraire, artistique et religieuse se fit sentir auprès des nations voisines de l'Asie Antérieure et Mineure et de la Grèce.

D'autres descendants de Cham, restés plus près de leur patrie d'origine, les Phéniciens ou Kénanéens maritimes, commerçaient à la même époque dans la Méditerranée. Ce furent les courtiers et les banquiers de l'antiquité classique, et aussi les explorateurs des rivages méridionaux de l'Ancien-Monde, jusque sur les côtes occidentales de l'Afrique.

Sur ce même continent asiatique, les fils de Cham fondèrent un troisième royaume, celui de Chaldée, qui fut plus tard absorbé dans le grand Empire assyrien de Babylone.

Pendant ce temps, les peuples de race sémitique vivaient à l'état pastoral sur les marches des nations guerrières, qui les entouraient et les dominaient. A leur tour, ils vont entrer sur la scène du monde commerçant et industriel, artistique et littéraire, guerrier et conquérant.

Le deuxième Empire assyrien de Ninive est d'origine sémitique et va disputer la prépondérance à Babylone, issue de Cham.

Voyez, Messieurs, comme la question des origines explique la marche historique des peuples et met en relief la conflagration et le mélange des nations dans les rivalités sanglantes pour la domination politique et sociale.

A la genèse des temps, ce sont les races qui

entrent en lice pour le partage du sol, comme si la terre n'était pas assez vaste pour les nourrir toutes! Dans les temps modernes, nous retrouvons le même instinct de combativité, qu'on appelle la lutte pour la vie — double mensonge qui cache tout à la fois un axiome philosophique et une tradition religieuse : les haines sociales et la loi inéluctable de la guerre.

Le second Empire assyrien triompha des royaumes chamitiques ; Ninive l'emporte sur Babylone. Mais, du côté de l'orient, des peuples nouveaux ont franchi les premières étapes qui les séparaient de la civilisation.

Les Mèdes d'abord, les Perses ensuite ont constitué des nations guerrières, retrempées dans le sang jeune et vigoureux de la grande famille japhétique. C'est l'avant-garde des Aryens, qui ont conservé les traditions originelles de justice et d'indépendance, sur les hauts plateaux de l'Iran et du Pamir, et qui vont se ruer sur les empires vermoulus des Chamites et des Sémites, incapables de résistance.

Mais les Japhétiques vainqueurs se corrompirent, avec le temps, au contact des adorateurs du veau d'or, et tombèrent à leur tour sous le joug de peuples plus vivaces, au cœur plus généreux, imbus de principes plus purs de grandeur et de liberté.

Cette fois, ce sont encore des Aryens, les Grecs et les Macédoniens, qui reprennent l'œuvre de civilisation pour le compte de la même famille indo-européenne. Alexandre le Grand marque l'apogée de cette hégémonie. La Méditerranée devint, dès lors, un lac aryen.

La Rome des Césars hérita de cette supériorité, qu'elle étendit jusque au-delà des colonnes d'Hercule. A partir de cette époque, Cham et Sem furent soumis à Japhet, qui justifia ainsi la primauté qui lui avait été dévolue par Noé, le père commun de l'humanité, dès les premiers âges du monde.

Au quatrième et au cinquième siècle de notre ère, l'Empire romain succomba sous les coups redoublés des Barbares, qui forment la branche septentrionale des Aryens asiatiques. Mais le sceptre de la domination matérielle, née de la conquête, reste toujours entre les mains de la famille japhétique.

Sem et Cham forment encore le substratum ethnique des populations de l'Asie Antérieure et du nord de l'Afrique; mais ils sont les vaincus et restent écrasés par la suprématie temporelle et spirituelle de Constantinople et de Byzance, jusqu'au septième siècle après Jésus-Christ.

La période qui commence à l'hégire mahométane marque une nouvelle entrée en ligne des races sémitiques.

Les Arabes, refoulés depuis vingt-cinq siècles sur les plateaux et dans les déserts de la péninsule du Yémen, se sont aguerris dans la vie nomade et sans doute aussi dans les luttes sanglantes des guerres civiles, où se formèrent, au dire de Napoléon Ier, de grands caractères, de grands talents, des impulsions irrésistibles.

Les conquêtes des Arabes en Afrique, dans la seconde moitié du septième siècle, furent suivies, au onzième, d'une invasion ethnologique qui se répandit jusqu'au Maroc et déborda dans l'Europe occidentale, inondant même les vallées de la Garonne, de la Loire et du Rhône; mais elles ne laissèrent de traces durables de leur passage que dans l'Espagne, dont ces peuples furent définitivement chassés au seizième siècle.

L'Europe chrétienne, qui avait repris le contact avec l'Islam aux croisades, dans d'héroïques chevauchées, continua lentement, mais sans interruption, la lutte contre le mahométisme pour la civilisation.

La Croix triompha du Croissant sous Louis IX, Isabelle la Catholique et Charles-Quint. Les Turcs mongols et touraniens apportèrent en vain aux Arabes sémites le secours de leur barbarie et de leur cruauté.

François Ier, Henri IV et Louis XIV portèrent à l'Islam, sur terre et sur mer, des coups qui furent d'abord le prélude de la colonisation partielle des États barbaresques, par les comptoirs et les factoreries, puis le point de départ des expéditions guerrières, suivies des conquêtes de territoires.

L'Espagne, la France, les Républiques italiennes, la Hollande et l'Angleterre ont contribué successivement ou simultanément et pris une part plus ou moins considérable à ce mouvement d'invasion civilisatrice et commerciale, dans ces contrées où l'Islam régnait en maître depuis de longs siècles.

Le récit des conquêtes et de la colonisation égyptienne, phénicienne, grecque, romaine, byzantine, vandale, arabe, formerait à lui seul l'objet de longues et intéressantes études, pour lesquelles de nombreux documents ont été groupés et mis à la portée de tous.

Le fait prépondérant et capital, dans cet antagonisme séculaire du Christianisme et de l'Islam, fut la conquête de l'Algérie, dont la solution glorieuse revient à la France, toujours chevaleresque et défenseur des grandes causes.

Les générations actuelles, souvent inconscientes, ne sachant pas apprécier la philosophie des événements, n'ont vu dans la prise d'Alger qu'un brillant fait d'armes qui s'ajoute à la série des œuvres de notre épopée nationale.

L'Islam ne s'y est pas mépris ; il a reconnu, dans sa défaite, la main chrétienne qui l'a frappé, et depuis il s'est replié sur lui-même, méditant sur les moyens de prendre une sérieuse revanche.

Le Croissant brille encore à Constantinople, et l'étendard du Prophète flotte sur les mosquées, autour desquelles viennent se grouper, le plus souvent en confédérations guerrières, deux cents millions de mahométants, de la Chine aux Indes et de la Perse aux rivages de l'Atlantique.

Des centaines de mille de Chrétiens sont égorgés, par ordre supérieur, dans l'Arménie et l'île de Crète, sans que l'Europe chrétienne ose intervenir autrement que par des protestations stériles parce que platoniques.

Après cette longue course dans le domaine de l'histoire et de la sociologie, il est temps d'entrer dans le vif de la question.

Je procéderai, comme ci-devant, par apophtegmes philosophiques, et, sous forme de conclusion, j'exposerai :

1° Les conditions primordiales qui doivent présider à la colonisation des territoires africains ;

2° Les résultats obtenus par les différentes puissances colonisatrices de l'Europe.

IV

LA COLONISATION DES TERRITOIRES AFRICAINS

La Domination morale et la Colonisation matérielle. — Colonies de peuplement. — La Dépopulation et l'Éducation française contemporaine.

« Le monde, dit un proverbe italien, appartient aux inquiets ». Cela est vrai, ajoute M. Valbert, pourvu qu'ils joignent à l'inquiétude, qui rêve et projette, cette volonté tenace que rien ne rebute et pour qui les années sont des jours.

En réalité je prétends que, à notre époque surtout, le monde matériel appartient aux utilitaires et le monde moral aux mystiques.

De cette division découlent deux grands courants distincts d'expansion civilisatrice : la colonisation matérielle et la domination morale.

L'action morale sur les peuples soumis ou conquis s'exerce principalement par la foi religieuse imposée ou acceptée comme un bienfait de haute valeur.

Toutes les religions ont procédé d'une manière analogue et je défie qu'on me cite un seul peuple conquérant, pacifique ou guerrier, qui n'ait pas employé le levier religieux comme l'arme la plus sûre d'une puissance dominatrice restée longtemps à l'épreuve du temps et des hommes. C'est de l'histoire, et il n'y a pas à aller contre l'évidence des faits.

Voilà ce qu'avaient compris les grands navigateurs du seizième siècle, qui découvrirent le chemin des Indes orientales et le Nouveau-Monde.

Vos Altesses, disait Christophe Colomb aux rois d'Espagne, ne doivent permettre à aucun Espagnol de pénétrer en Amérique s'il n'est véritablement chrétien, car cette entreprise n'a d'autre but que la gloire de la religion catholique.

Le Portugal et la France agirent de même au Brésil, aux Indes, au Canada, dans la Louisiane et aux Antilles.

Je sais bien que ces principes n'ont plus cours à notre époque; mais avons-nous gagné beaucoup à leur abandon? C'est ce que nous verrons plus loin.

D'ailleurs, les économistes contemporains, non suspects de cléricalisme, sont à peu près unanimes sur l'influence colonisatrice des idées religieuses.

Un protestant, M. de Varigny, qui a vécu quatorze ans aux colonies, écrivait naguère dans *la Revue des Deux-Mondes* : « Pour qui a vu nos missionnaires « catholiques à l'œuvre, la France n'a pas d'aides « plus dévoués et plus efficaces. Si peu nombreux « qu'ils soient, ils valent pour elle plus et mieux « que des bataillons. »

Je pourrais multiplier les citations et les exemples, mais le sujet serait trop long à épuiser, et je ne puis qu'effleurer cette question si palpitante d'intérêt.

Mais, si les missionnaires catholiques ne sont pas soutenus comme le sont les protestants, les mahométans ou les bouddhistes, ils peuvent se consoler en méditant cette parole profonde du vicomte de Bonald : « Il y a des hommes qui par leurs sentiments « appartiennent au temps passé, et par leurs pen- « sées à l'avenir ; ceux-là trouvent difficilement « leur place dans le temps présent. »

Quant à la colonisation matérielle, on peut la concevoir sous des formes diverses et par suite avec des moyens appropriés aux circonstances de temps et de pays, aux conditions de climat et de culture, aux nécessités d'ordre ethnologique et géographique.

On distingue deux catégories spéciales de colonies : les colonies de peuplement et les colonies d'exploitation.

Dans les colonies de peuplement ou d'émigration, c'est l'excédent de la population de la métropole qui se transporte sur des territoires neufs, productifs et donnant, par un travail généralement facile, un surcroît de bien-être, de richesse même, inconnu ou plus ingrat dans la mère-patrie.

C'est aussi un exutoire et un déversoir ou dérivatif, souvent nécessaire, pour les caractères aventureux, pour les natures indolentes ou insouciantes qui ne s'accommodent pas des exigences et des rigueurs de la vie sociale européenne, de la monotonie de l'existence ordinaire des centres civilisés.

Peu de Français, à notre époque, sont pénétrés de ces idées d'indépendance si communes à l'étranger, en Angleterre surtout. On préfère la sujétion, laissez-moi dire l'esclavage des positions dites libérales, qui sont faciles à acquérir au prix d'un examen et souvent même d'une faveur ou d'un népotisme évidents.

Rien n'est plus simple que d'obtenir la fortune et les honneurs dans une société hiérarchisée où les places sont nombreuses et d'un accès permis à toute médiocrité patiente et sans idéal.

Alors les appétits se satisfont sans peine ; il n'y a qu'à se laisser vivre, avec une certaine correction, mais sans efforts réels, sans puissance de travail, sans un déploiement intense de l'intelligence et de la volonté.

Les étrangers sont frappés de cette atonie de la virilité, de ce manque d'initiative des classes dirigeantes de notre pays, où l'on préfère les situations toutes faites à la recherche aléatoire et violente des carrières industrielles, agricoles ou commerciales ; rêve caressé par les générations d'autrefois, qui répandirent, par l'émigration volontaire, les idées, la langue et les mœurs de la France dans toutes les contrées de la terre où se portait leur exubérante activité.

Écoutez M. de Cassagnac sur ce sujet :

« Le fonctionnarisme est un mal stupéfiant, qui annihile tout ce qu'il pourrait y avoir chez nous de spontané, d'aventureux, de personnel. Il étouffe dans son germe l'esprit d'initiative qui pourrait, à l'intérieur, aider le commerce, l'industrie, l'agriculture, et développer, au dehors, une colonisation prospère et florissante.

« Le fonctionnarisme abêtit la nation, supprimant tous les larges horizons et les réduisant à ce qu'on peut contempler par le trou d'un rond de cuir.

« Au lieu de chercher fièrement la fortune par un labeur intelligent et infatigable, on se borne à rêver pour soi, pour ses enfants, une place dans laquelle on s'enferme comme un escargot dans sa coquille, où l'on avance péniblement et au bout de laquelle, après trente ans d'une existence obscure, routinière, presqu'inutile, on touche une retraite plus ou moins dérisoire. »

On me dira : Mais la France est si belle et si riche ! On y vit si heureux et si largement ! Pourquoi s'expatrier pour aller traîner une existence pénible dans des pays moins favorisés par la nature ? Eh bien ! ceci, je ne crains pas de l'affirmer, c'est de l'égoïsme pur, le produit d'une conception erronée de la famille et de la société, et la résultante de l'abandon des véritables principes économiques, politiques et religieux.

J'ai déjà traité, dans d'autres conférences, la question vitale de la dépopulation. Je tiens à votre disposition tous les renseignements que comporte le développement de cette étude; mais le temps presse, et je ne puis m'y arrêter.

Tout dernièrement, un explorateur célèbre, M. Bonvalot, a prononcé, aux fêtes du bi-centenaire de Dupleix, un discours dont je vais citer un extrait qui résume bien cette idée de l'expansion coloniale :

« Nos jeunes gens sont somnolents; ils n'ont pas le goût de l'action, parce que notre éducation est telle qu'on s'ingénie à leur enlever le sentiment de leur valeur réelle et à décourager leur initiative.

« Vous avez le choix entre poursuivre sans but votre surproduction d'ingénieurs, de fonctionnaires, d'avocats, de médecins qui cherchent une case, ou bien modifier peu à peu votre méthode et produire des hommes d'action qui sachent se créer eux-mêmes une situation.

« Nous avons à défendre, à administrer, à améliorer des millions d'individus de races diverses; nous avons à organiser, à mettre en valeur d'immenses territoires. Et l'exemple de Dupleix nous prouve que cette besogne ne peut être accomplie qu'avec des hommes d'énergie, de patience, d'initiative. »

En définitive : notre centralisation exagérée tend de plus en plus à faire affluer les capacités au centre, où elles se paralysent, et à faire refluer les médiocrités aux extrémités, aux colonies, par exemple, où les fautes commises par nos agents sont plus difficiles à réparer.

V

COLONIES D'EXPLOITATION

La Question monétaire et la Haute Banque juive. — La Ruine de la Marine marchande française. — Le Conflit anglo-allemand. — La Puissance financière de la Grande-Bretagne. — Les Colonies européennes et les États libres en Afrique.

Puisque la diminution incroyable de la natalité en France nous interdit, en quelque sorte, le peuplement des colonies, au moins pourrions-nous songer au système de l'exploitation coloniale.

Lorsque des territoires asiatiques ou africains sont situés sous des climats insalubres et dans lesquels l'Européen a de la peine à se livrer à un travail manuel et constant, on peut toujours y fonder des comptoirs et des factoreries pour le commerce des denrées locales et l'installation d'industries minières et métallurgiques, enfin l'exploitation agricole.

Pour ce mode de colonisation, deux éléments sont indispensables : les capitaux et une marine marchande.

L'argent ne nous manque pas, me direz-vous! Certainement, mais il est entre les mains des financiers juifs ou judaïsants et des grandes compagnies ou syndicats anonymes.

Or, les cosmopolites de la haute banque ne travaillent pas pour notre pays. Ils forment une association internationale qui spécule sur la production du monde entier et ils se soucient fort peu d'enrichir les épargnistes français.

L'accaparement de l'or et les bénéfices fabuleux qui résultent du change, dans les pays bi-métallistes, ont mis entre les mains des rois de la finance tous les revenus, tous les gros dividendes. Ils ont produit le renchérissement des denrées de nécessité première et l'avilissement des cours du marché économique national, par la main-mise et le jeu de la hausse et de la baisse sur les matières industrielles et commerciales, aussi bien dans les arrivages étrangers que dans la circulation intérieure de la production française ou coloniale.

Qu'est-il résulté de cette centralisation excessive de la fortune publique entre les mains des exploiteurs, courtiers et financiers sans patrie? C'est que les grandes puissances, l'Angleterre et l'Allemagne surtout, se sont facilement coalisées pour ruiner notre pays qui ne lutte pour ainsi dire plus, dans la concurrence commerciale, à cause de l'infériorité de sa marine marchande, et qui est à la merci des étrangers par l'invasion des produits exotiques ou européens et par l'exploitation de ses capitaux qui servent à enrichir les nations des deux mondes, en attendant qu'une faillite universelle des peuples débiteurs nous enlève jusqu'aux dividendes qui alimentent, dans une large mesure, nos ressources financières.

Il m'est certainement pénible d'insister sur la décadence de notre commerce en général et de la marine marchande en particulier, mais je ne sache pas qu'on puisse me taxer d'incivisme parce que j'aurai indiqué le mal qui ronge le corps social.

N'est-il pas plus patriotique de sonder des plaies morbides et tout au moins délétères que de leurrer notre pauvre France par d'abominables mensonges, par d'emphatiques tromperies, sous les couleurs hypocrites, mais séduisantes pour les foules, d'un chauvinisme de contrebande et de mauvais aloi?

La marine marchande de l'Allemagne se compose actuellement de 3.592 navires, de 1.490.000 tonnes, dont 1.068 bateaux à vapeur. La seule ville de Hambourg possède 804 navires, dont 369 bateaux à vapeur.

Or, notre marine à voile ne réunit que 253.000 tonnes, en face des 567.000 de la marine à voile des Allemands. Nos bâtiments de commerce à vapeur jaugent 492.000 tonnes, et les vapeurs allemands 953.000.

En 1872, nous avions sur l'Allemagne une avance de 785 millions dans le mouvement de notre commerce extérieur. En 1877, l'Allemagne nous avait rejoint; elle exportait, comme la France, pour trois milliards 450 millions de francs. En 1891, notre adversaire est en avance sur nous exactement de 768 millions.

Aussi a-t-on pu dire avec raison : « En France, l'idée est trop à la politique et au fonctionnarisme ; on n'attache qu'une importance secondaire à la question commerciale. »

La comparaison avec l'Angleterre est tout aussi désastreuse. Au 1er janvier 1886, la Grande-Bretagne avait 6.620 navires à vapeur, dont le tonnage représentait 4.446.000 tonneaux, et 16.000 voiliers de 3.417.000 tonneaux. La France ne possédait que 589 vapeurs, représentant 535.000 tonneaux, et 3.390 voiliers, représentant 402.000 tonneaux. Et, depuis 1886, ces chiffres ont diminué.

Prenons, si vous le voulez, le trafic d'un grand port de l'Europe. Le mouvement du port d'Anvers, en 1891, représentait six millions de tonnes, sur lesquelles la part de l'Angleterre était de 2.592.000 tonnes, tandis que la France ne venait qu'au cinquième rang, avec 143.000 tonneaux.

Autre exemple. En 1895, la flotte du grand port allemand de Hambourg représentait plus des deux tiers de toute la marine française.

D'ailleurs, nos consuls à l'étranger ont signalé le danger économique allemand, et les Anglais eux-mêmes commencent à s'en inquiéter.

En 1885, Liverpool primait tous les autres ports, avec un tonnage de 4.978.000 tonnes. Aujourd'hui, Liverpool, avec un tonnage de 5.965.000 tonnes, passe au second rang et cède le premier à Hambourg, dont le mouvement, pendant cette période, s'est élevé de 3.700.000 à 6.256.000 tonnes.

D'autre part, Marseille meurt de son duel avec Gênes, alimentée par le chemin de fer du Saint-Gothard.

Il serait puéril de nier la coalition des états européens contre la France, au point de vue commercial; mais, par contre, il est intéressant de prévoir le conflit anglo-allemand, sur le terrain des intérêts économiques et coloniaux.

Le prince de Bismarck, faisant allusion au traité de 1757 pour le soutien de la religion protestante, a bien affirmé à la tribune du Reichtag, en 1889, que l'Angleterre et l'Allemagne marchaient depuis 132 ans la main dans la main et qu'il n'y avait aucune raison pour que l'ancien pacte fût rompu ; il n'en est pas moins certain, ainsi que l'écrivait récemment un homme politique, que l'ennemie actuelle des Allemands c'est l'Angleterre et que les Anglais eux-mêmes commencent à le sentir ; que, tôt ou tard, de cette rivalité la guerre résultera ; car ce n'est pas le Transvaal ou Zanzibar qui sont en jeu : c'est la base même de la puissance britannique, la prépondérance industrielle, commerciale et maritime.

Cependant, malgré l'accroissement prodigieux du commerce allemand, les Anglais tiennent encore la corde, pour le malheur de l'Europe en général et de la France en particulier.

« Les livres de Disraéli, écrit M. Drumont, nous ont montré ce qu'il y avait en même temps de romanesque et de pratique, de puissant à la fois dans le rêve et dans l'action, dans ces cervelles d'Anglais.

Tranquilles chez eux et immobiles sur leurs possessions terriennes, les lords laissent gouverner ces grands juifs de Londres, différents par certains côtés de nos grands juifs de la finance, qui, en France, sont presque exclusivement tripoteurs et écumeurs d'affaires. »

On a pu dire avec raison que la monnaie est la véritable arme de guerre qui, de tout temps, a servi aux financiers à dominer le monde.

Or, Messieurs, non seulement l'Angleterre détient par sa marine marchande le commerce universel, mais elle possède, ce qui est plus grave, la source et la base des affaires commerciales, industrielles et agricoles : les capitaux.

En premier lieu, elle a accaparé l'or par le monométallisme; puis, au moment opportun, elle prendra l'or et l'argent par le bimétallisme; enfin, dans un avenir plus ou moins éloigné, elle mettra la main sur le papier-monnaie par l'amétallisme.

Alors, toutes les créances mobilières et immobilières étant entre les mains de l'Angleterre et les cent milliards de dette de l'humanité devenant exigibles en or, les Juifs cosmopolites, anglais surtout, posséderont la fortune publique, avec d'autant plus de facilité que la plus grande partie de l'or, actuellement produit en Amérique, en Australie et dans l'Afrique australe, appartient aux financiers, à la fois créanciers du monde et propriétaires des mines.

« Aujourd'hui (c'est M. Chabry qui parle), le monde entier étant débiteur d'or et la haute banque juive ayant seule de l'or, cette dernière est l'acheteur universel. Avec l'or, elle achète les marchandises de la Russie, de l'Inde, du Japon, de la Chine, de l'Amérique, des diverses nations de l'Europe. Puis elle reprend l'or, en exigeant en or le paiement des emprunts faits par ces peuples. Elle revend ces marchandises par l'intermédiaire des affiliés de sa race ; en sorte qu'après avoir accaparé le grand commerce international, elle accapare peu à peu le moyen et le petit, et, comme elle tient tous les gouvernements par leurs finances, elle domine tout à la fois les peuples et les travailleurs. »

Messieurs, vous comprenez bien maintenant, n'est-il pas vrai, pourquoi j'ai délaissé l'étude simpliste et singulièrement énervante des colonies européennes de l'Afrique ?

Que nous font même les petites ou grandes querelles internationales de la vieille Europe, les traités et les conférences diplomatiques de Berlin ou de Bruxelles pour le partage du Continent Noir, en ce qui concerne les intérêts commerciaux de la France ?

Que signifient ces questions de détail qui sont la pâture des lecteurs de journaux ou de revues, en regard des constations vitales que je viens d'exposer ?

Certes, je ne nie pas la valeur, pour l'avenir de notre pays, de cette belle colonie de l'Algérie, surtout le jour où elle sera peuplée de colons sédentaires et non de spéculateurs, véritables oiseaux de passage, qui ne sont que des acheteurs temporaires, agiotant sur le sol, comme on fait un coup de bourse sur les valeurs financières.

Je n'ignore pas non plus que nous avons de belles espérances en Tunisie, au Sénégal et surtout dans le Soudan français ; que la route du lac Tchad, par le Niger, les rivières du Sud ou le Sahara, nous ouvrira des pays bien peuplés, dont le commerce est appréciable ; que la voie ferrée de 2.500 kilomètres, entre Alger et Tombouctou, n'est pas une entreprise irréalisable, bien que son utilité pratique ne soit pas clairement démontrée ; enfin, que le rêve d'une immense France africaine, de la Méditerranée à l'Océan, flatte plus notre amour-propre national qu'il ne nous donnera de rendement industriel et commercial, voire même de prestige et de grandeur morale.

Il est non moins certain que nos établissements de la côte de Guinée et le Congo français peuvent se développer dans un avenir plus ou moins éloigné. En dernier lieu, Obock et la baie de Tadjourah peuvent être également le point de départ d'un commerce sérieux avec l'Abyssinie, le Choa, le Harrar et les hautes vallées du Nil.

Mais je sais aussi qu'on apprécie l'importance des colonies par le mouvement des importations et des exportations et d'après la part proportionnelle de chaque pavillon.

Or, toutes les colonies françaises de l'Afrique (dont l'Algérie constitue le véritable joyau) donneraient-elles un rendement de six à sept cents millions d'échanges, sur lesquels le trafic des navires français est inférieur à cinq cents millions; ce chiffre est-il à comparer au formidable roulement de fonds et de marchandises qui se traduit pour la Grande-Bretagne, dans ses colonies asiatiques, par exemple, par un total qui atteint presque cinq milliards de francs?

Le commerce total de l'Angleterre, qui comprend les deux tiers ou les trois quarts des échanges avec l'étranger et presque tout le commerce des colonies, dépasse annuellement seize milliards de francs, et la France n'arrive pas à la moitié de cette somme.

De plus, nous restons stationnaires, tandis que d'autres pays progressent et nous dépassent même, comme l'Allemagne actuellement et dans quelques années la Russie.

L'Angleterre fournit presque seule les différentes colonies de l'étranger.

Ne perdons pas de vue que dans cinquante ans la Russie aura 200 milions d'habitants, l'Allemagne 70 millions, et que la France arrivera péniblement à 40 millions; enfin, que la population de l'Angleterre dépasse aujourd'hui celle de notre pays, alors qu'en 1789 le Royaume-Uni ne comptait que 7 millions d'habitants, contre 26 millions que possédait la France.

« On peut prévoir à bref délai, écrit M. de Vogüé, une rupture économique entre l'Europe et l'Amérique, une oppression intolérable de l'Ancien Monde par le Nouveau. Heureusement, l'Ancien Monde a trouvé son terrain de défense en Afrique. Il aura bientôt sa ferme tropicale, d'où il tirera tout ce que l'Amérique voudrait lui marchander à des prix ruineux : le coton, le café, les denrées et les matières premières nécessaires pour la vie et pour l'industrie. »

Cette théorie n'est vraie que dans une certaine mesure. En effet, avant que le domaine africain soit arrivé à donner à ses maîtres européens un rendement sérieux et en rapport avec les énormes capitaux à y engager, l'Asie et l'Australie nous fourniront longtemps encore les produits variés de leur sol fécond, surtout lorsque les races jaunes seront entrées dans le concert des nations industrielles et commerciales et que leurs trésors agricoles et miniers pénètreront dans les contrées de l'Europe occidentale par les chemins de fer de l'Asie-Mineure, du Turkestan russe et du transsibérien.

L'ère africaine ne viendra qu'après l'ère asiatique, qui en est encore à son début, sauf pour les Indes, dont le mouvement commercial a pris sérieusement naissance au commencement de ce siècle, avec la conquête anglaise.

Dans l'Afrique septentrionale et centrale, je ne vois de centres coloniaux importants que l'Algérie, la Tunisie ; plus tard, peut-être le Maroc, la Tripolitaine, le Tchad et le Soudan ; enfin, l'Égypte surtout, qui fut, dès la plus haute antiquité, un grenier d'abondance où toutes les nations venaient largement s'approvisionner de tous les objets, de toutes les denrées, de tous les produits nécessaires à la vie matérielle et à la civilisation.

L'Égypte a eu un merveilleux développement de richesse, même dans ce siècle, avant la révolte de ses provinces méridionales. Après la guerre américaine de Sécession et grâce à la culture du coton, elle put arriver en 1869 à un mouvement commercial de un milliard de francs, soit autant à elle seule que tout le reste de l'Afrique ensemble. Depuis, ce chiffre est tombé à cinq ou six cents millions.

Les Anglais ont facilement compris l'importance économique de l'Égypte et escompté pour l'avenir la fertilité de cette vallée du Nil si populeuse à ses deux extrémités et qui, par l'Ouganda et la région des Grands Lacs, aboutit aux possessions britanniques de l'Afrique orientale et par la Zambésie aux colonies australes du Cap.

Quant aux vastes territoires que les nations européennes se sont adjugés et partagés par les conventions de Berlin et de Bruxelles, en 1878 et 1885, qui pourrait prédire leur avenir colonial?

Les races hostiles, le climat, le prix de revient des transports, les difficultés de l'exploitation sont des obstacles que la patience et la longueur des siècles permettront seuls de franchir.

D'ailleurs, bien que le continent ait été traversé de part en part, sauf le Sahara dans le sens longitudinal, bien des contrées sont encore à peine connues et difficilement abordables.

Les Portugais qui furent, de tous les Européens, les pères de la découverte et de la colonisation africaine, n'ont pas obtenu des résultats en rapport avec leur énergie et leur ténacité, depuis quatre siècles qu'ils possèdent des comptoirs, des postes et des territoires, sur les rivages des deux océans que sépare le cap des Tempêtes, devenu plus tard le cap de Bonne-Espérance.

Le Mozambique et l'Angola forment actuellement la plus grosse part du domaine colonial portugais en Afrique. L'Angola, à lui seul, donne plus de vingt millions d'indigènes pour un territoire qui dépasse deux millions de kilomètres carrés.

Ceci nous amène à une question de chiffres et de nombre qui aveugle la foule des hommes inexpérimentés en matière de colonisation. Pour ceux-là — et ils sont les plus nombreux — la valeur d'une colonie est basée sur la superficie et la population des territoires conquis, protégés ou annexés à la mère-patrie.

A ce compte, la France, qui détient 2.780.000 kilomètres carrés de territoire en Afrique, y serait en meilleure situation que l'Angleterre qui possède seulement 1.320.000 kilomètres carrés de colonies dans cette partie du monde. Et cependant nous gouvernons, en Afrique, 14 millions de sujets (y compris l'île de Madagascar), tandis que les Anglais ne dominent que sur 5 millions d'indigènes, (sans comprendre l'Égypte, bien entendu).

Le Portugal et la Belgique sont encore mieux partagés, surtout comme population.

Malheureusement, dit M. P. Leroy-Beaulieu, les surfaces possédées par ces diverses nations sont d'une valeur bien dissemblable... La théorie du nombre n'est donc pas applicable aux colonies.

Les Espagnols sont en pleine décadence en Afrique, comme leurs frères de race et de religion les Portugais. Mais les uns et les autres ont failli à leurs destinées historiques et providentielles. La recherche de l'or leur a fait perdre les qualités chevaleresques et l'esprit d'aventures qui les distinguaient jadis.

Quelle leçon philosophique, pour la conduite des peuples, que le sort de ces deux nations qui eurent une part si brillante dans l'histoire de l'humanité! car elles ont créé, on peut le dire, la grande navigation et les explorations lointaines.

L'Espagne même a tenu, un moment, l'empire universel sous sa domination et rien ne semblait devoir arrêter sa fortune.

Aujourd'hui l'Espagne est à peine une nation de second ordre, malgré la vitalité de son peuple encore fier et enthousiaste.

Que s'est-il donc passé? C'est toujours la même cause qui produit les mêmes effets : l'amour exagéré de l'or a perdu, au seizième et au dix-septième siècles, dans des conditions semblables, le Portugal et l'Espagne.

De nos jours, cet or, que ces peuples ne possèdent plus, ils le demandent aux financiers juifs, dont ils sont les humbles serviteurs, après les avoir autrefois chassés glorieusement de leur pays.

Les possessions allemandes de l'Afrique orientale et occidentale sont loin d'être remarquables par le nombre des habitants. Le Togoland, le Cameroun, le Sud-Ouest et l'Est africains donnent, comme superficie et population, des chiffres relativement modestes. Mais quand on connaît l'instinct commercial et le sens pratique du tudesque, il est facile de prévoir que l'avenir justifiera amplement le choix des territoires et les ambitions coloniales de nos voisins.

Le Cameroun confine au bas Niger, au Soudan anglais et au lac Tchad, qui sont des centres de population et de commerce.

Le Sud-Ouest africain est limitrophe de la colonie du Cap, et son influence se fait sentir, depuis quelques années, dans les États libres de l'Orange et du Transvaal, dont les mines d'or et de diamant sont un objet de convoitise, tout à la fois pour les Allemands et les Anglais. Les territoires de la Zambézie qui les séparent pourraient devenir un jour le champ clos de la lutte d'influence entre les deux peuples européens.

Par leur colonie de l'Est africain, les Allemands sont encore en contact avec la Grande-Bretagne, au Nord et au Sud, tandis que à l'Ouest ils se heurtent à l'État indépendant du Congo, véritable possession belge, peuplée de 27 millions de nègres, avec une superficie de 2.775.000 kilomètres carrés.

Quant aux Italiens, il faut bien en parler, puisqu'ils possèdent, jusqu'à nouvel ordre, la colonie Érythrée, avec 450.000 indigènes, et le protectorat de la côte des Somalis, qui leur ouvre de grands horizons ...sur l'océan Indien.

En principe, Massaouah est loin d'être un port sans valeur; c'est une des bases sérieuses du transit de la mer Rouge, un point de départ très heureusement situé pour les caravanes et le commerce avec l'Abyssinie, le Choa même et le confluent des deux Nils.

Mais, en fait, les Abyssins sont de dangereux voisins qui n'entendent pas la plaisanterie, quand il s'agit de leur influence traditionnelle.

Les Italiens, habitués en Europe à de faciles rodomontades, sous la protection d'un grand empire, se sont cru tout permis à l'égard d'un roi prétendu nègre, bien qu'il soit très probablement sémite et descendant de Salomon.

Le Négus, qui n'est pas un barbare, bien qu'éthiopien, pourrait prendre pour devise de son royaume : « Qui s'y frotte s'y pique », car les Abyssins n'en sont pas à leurs débuts dans les guerres d'indépendance nationale.

Leur histoire, qui remonte à une très haute antiquité, nous apprend que c'est par une énergie et une volonté persévérantes, aidées aussi par une position géographique hors de pair, que ce peuple montagnard a su résister aux envahissements de l'étranger et conserver son indépendance nationale dans cette forteresse naturelle qui permet aux Abyssins de défier de tous côtés les attaques et de dominer, par l'influence morale et des positions de flanc nettement indiquées, les contrées voisines, notamment les hautes vallées du Nil et les rivages de la mer Rouge.

Ce Ménélik est évidemment un habile homme, puisque la France et la Russie le courtisent beaucoup en ce moment, ce qui, entre parenthèses, n'est pas fait pour plaire aux Anglais, qui voudraient bien se mettre en route pour Dongola et Khartoum, sans avoir à se préoccuper des troupes abyssines postées sur le flanc gauche de leur ligne de marche vers le haut Nil.

Malgré tout, je ne vois pas très bien ce que peut signifier la présence annoncée du Négus à Paris en 1900, si ce n'est comme un des clous principaux d'une exposition fin de siècle qui paraît devoir être le record de l'arrivée en France des rois et des princes de toute couleur et de toute provenance...!!

Mais revenons aux Italiens de la Triplice, car il est convenu que nous devons tirer de cette étude des enseignements philosophiques.

N'est-il pas instructif de voir cette nation transalpine qui, qui depuis un quart de siècle se livre avec frénésie à l'armement et à l'organisation militaire intensive, échouer piteusement devant un peuple réputé barbare et qui ne figurait pas, dans la *Revue militaire de l'Étranger*, parmi les États lancés dans le mouvement des traditions prussiennes des armées formidables par le nombre des hommes et des canons?

Le désastre d'Adoua ne serait-il pas la preuve évidente que les hordes à la Xerxès et à la Darius trouveront toujours leurs défilés des Thermopyles et leurs plaines de Marathon?

Messieurs, je vous étonnerai peut-être en vous disant qu'il y a encore des États libres en Afrique.

Hâtons-nous toutefois d'en parler, car dans quelques années il serait peut-être trop tard, leur indépendance étant précaire et soumise aux caprices de la fortune, c'est-à-dire aux ambitions des puissances européennes, dont le désir d'extension coloniale paraît être sans bornes.

Je ne mentionnerai l'Égypte que pour mémoire, car nous en avons déjà parlé et nous en reparlerons encore. D'ailleurs, le Khédive démontrerait difficilement qu'il gouverne son royaume et que le canal de Suez n'appartient pas à l'Angleterre.

Le sultan du Maroc a les mains plus libres que bien d'autres chefs d'État, mais il est à la merci des puissances européennes, l'Espagne, la France et l'Angleterre surtout, qui épient l'occasión favorable de s'emparer d'un pays, divisé il est vrai par des factions rivales et souvent en proie à l'anarchie féroce, mais qui deviendrait facilement un centre agricole et commerçant, d'une richesse au moins égale à celle de l'Algérie et de la Tunisie.

A l'angle occidental du massif continental de l'Afrique, nous trouvons l'État nègre de Libéria colonisé, organisé et administré par les fils d'anciens esclaves noirs des États-Unis, de l'Amérique du Sud et des Antilles, qui ont fondé, dans ce siècle, depuis les décrets de l'abolition de l'esclavage dans les nations civilisées, une république nationale sur le sol qui fut jadis leur patrie d'origine.

Mais par une incroyable inconséquence, leur constitution, calquée d'ailleurs sur celle de leurs anciens maitres de l'Amérique, a conservé l'esclavage qui pesa si durement sur leurs ancêtres!

C'est bien le cas de dire que les libéraux d'un jour sont les pires tyrans du lendemain.

Les seuls peuples pouvant revendiquer une certaine liberté ethnologique, dans l'Afrique méridionale, sont les Boërs hollandais qui sont groupés dans les Républiques de l'Orange et du Transvaal, en confédérations nationales, avec une constitution véritablement indépendante des éléments routiniers et conventionnels de notre vieille Europe.

Malheureusement leur sol repose sur des carrières et des mines d'or et de diamant qui sont l'objet des convoitises de leurs voisins les Anglais et les Allemands, qui sauront bien trouver des prétextes plus ou moins plausibles pour faire naitre des querelles fomentées non par l'amour-propre, mais par la soif des richesses et la satisfaction de cupides intérêts.

La colonie anglaise du Cap est remarquable tout à la fois par son climat exceptionnellement tempéré, par le groupement imposant des colons européens, enfin par la recherche et l'exploitation fébrile des métaux précieux.

L'Afrique australe peut entrevoir avec certitude, pour l'avenir, une prospérité au moins égale à celle de l'Égypte et de l'Algérie, ses seules concurrentes actuellement dans le monde commercial et industriel du Continent Noir.

J'ai déjà mentionné la forteresse géographique et

géologique de l'Ethiopie dont le peuple, vulgairement dénommé abyssin, conservera longtemps encore la possession, car les tentatives nombreuses faites, par diverses nations, depuis les temps les plus reculés jusqu'à nos jours, pour la réduire, n'ont abouti qu'à de honteux et sanglants désastres.

Messieurs, dans un travail aussi considérable, vous me ferez bien grâce des détails, et je ne serai pas accusé d'inexactitude géographique et historique parce que j'aurai oublié quelques rois ou princes nègres.

D'ailleurs Ménélik doit venir à Paris en 1900 et nous avons vu le sultan Ahmadou à l'exposition universelle de 1889. Nous en verrons bien d'autres, car la civilisation extérieure et matérielle semble avoir beaucoup d'attrait pour les peuples primitifs.

Comme le dit un philosophe, « l'homme, dès qu'il est livré à son instinct, dès qu'il n'est plus contenu par certaines organisations fondées sur des idées supérieures, est toujours l'enfant vaniteux des premiers jours du monde ». Le sauvage qui, dans le centre de l'Afrique, est fier d'avoir des coquillages dans le nez, des plumes sur la tête et des tatouages exceptionnels sur la peau, prend un air d'importance et aime à parader, en habit à la française, sur les boulevards, dans les théâtres et les cafés-concerts des Babylones modernes.

VI

LES COLONIES ANGLAISES EN AFRIQUE

Dans cette revue panoramique des colonies européennes, j'ai réservé, comme tableau final, l'ensemble des possessions anglaises qui forme, malgré leur éloignement relatif, un tout homogène, lié plus encore par la communauté de pensées et d'intérêts que par les cables télégraphiques et les bateaux à vapeur qui sillonnent en tous sens les mers intercontinentales et les grands océans des côtes africaines.

Les colonies anglaises! on les trouve sur toutes les plages, au détour de chaque promontoire et au rentrant de chaque golfe, aux embouchures comme à la source des fleuves, en un mot sur chaque coin de territoire qui présente une valeur actuelle ou d'avenir, car « nos amis » ont le talent de mettre toujours la main sur les bons morceaux, souvent même de reprendre ceux qu'ils avaient laissé échapper par mégarde ou par erreur.

Avec cette politique industrieuse du tout pour soi, les Anglais ont fait tirer les marrons du feu par certains peuples bons enfants et dont le moindre défaut a été de manquer de méfiance et d'à-propos.

En définitive, ce jeu que les Romains appelaient : diviser pour régner, a réussi admirablement à la Grande Bretagne. Elle a fait « banco » sur toutes les races blanches, jaunes ou noires qu'elle a rencontrées sur le tapis vert de son astucieuse politique, et, sans souci des traditions diplomatiques, elle continue flegmatiquement à faire « Charlemagne » sans s'inquiéter des protestations des peuples naïfs et des réclamations sententieuses des gouvernements.

« De plus en plus refoulé de l'Asie qui s'outille, écrit un publiciste contemporain, l'Anglais prévoit que le moment n'est pas éloigné où il n'y aura plus pour l'Europe d'autre débouché exotique à la surproduction de son industrie que l'Afrique.

« Déjà il a allongé sa main et il prétend imposer son protectorat du Caire au Cap, de la côte de Zanzibar aux bouches du Niger.

« L'Angleterre déploie une activité fébrile en Égypte. Elle compte bien occuper Khartoum dans un délai très court et arriver ainsi aux lacs Nyanza et Tanganyka. Par ce dernier lac, on rejoint les possessions anglaises du Sud de l'Afrique, de telle sorte que, dans un avenir prochain, grâce à Dongola et à Khartoum, la Grande-Bretagne aurait une ligne ininterrompue dans le continent africain, du Caire à Prétoria.

« Par Khartoum, l'Angleterre tiendra à sa complète discrétion le Nil, c'est-à-dire l'Égypte; par Souakim elle est maîtresse non seulement de la mer Rouge, c'est-à-dire du chemin de l'Extrême-Orient, mais de La Mecque qui, pour les Croyants, est restée la capitale mystique du monde musulman.

« Le port de Souakim est situé presque en face de Djeddah, port de la Ville Sainte, où habite le véritable chef religieux de l'Islam, le Cheick Muphti, aujourd'hui pensionné par l'Angleterre qui lui donne un traitement annuel de deux mille livres sterling.

« Une fois le sinistre Habdul-Hamid déposé, une commission internationale serait installée à Constantinople pour y garantir les intérêts des financiers et y régler tout à l'avantage de la juiverie cosmopolite. Toute l'autorité religieuse serait transportée à La Mecque, et l'Angleterre, tenant dans sa main le grand chef religieux de l'Islam, serait en réalité maîtresse du monde musulman. »

D'autre part, Guillaume II veut en Afrique une place assez large pour recueillir l'émigration allemande qui se noie, sans profit pour son pays, dans la population des États-Unis.

La rencontre entre les deux ambitions, entre les deux appétits, est inévitable et ne peut être longtemps ajournée. Le peuple anglais et le peuple allemand le savent. Ils se préparent à la guerre, en construisant les plus formidables marines qui se soient jamais vues.

L'Allemagne n'est plus le peuple disloqué de 1756. Elle est devenue la concurrente industrielle de l'Angleterre la plus active sur tous les marchés du monde. La même situation économique pousse irrésistiblement les deux nations l'une contre l'autre.

Comprenez-vous maintenant pourquoi l'Angleterre met tant d'acharnement à empêcher la guerre contre la Turquie?

Il ne faut pas être grand clerc ni un habile diplomate pour démêler les intérêts britanniques dans le conflit oriental.

Pour ce peuple enjuivé et mercantile, la question financière et commerciale s'accorde à merveille avec l'influence sur l'Islam que la perfide Albion ne craint pas d'appuyer, malgré ses hypocrites affirmations chrétiennes.

L'Anglais veille avec un soin jaloux à l'existence de « l'homme malade » dont la mort prématurée entraverait ses projets de domination universelle.

VII

CONCLUSION

La Situation de la France en Afrique.
Sa Politique coloniale. — Son Rôle dans le monde.

Voilà donc la question coloniale en Afrique ramenée à son véritable point de vue sensationnel et suggestif : la concurrence et la collision inévitable des deux États rivaux en influence commerciale, car les autres nations sont faiblement représentées dans cette partie du monde, où elles n'ont que des intérêts absolument secondaires.

Quelles seront la situation et l'orientation diplomatiques de la France dans cette compétition des deux peuples, qu'une saine politique et le simple sens pratique nous font considérer, avec juste raison, comme les adversaires acharnés, héréditaires et irréconciliables de notre patrie?

Il y a deux courants d'opinion sur ce sujet dans le public français qui veut bien réfléchir et avoir une idée, quelles qu'en puissent être les conséquences, car il faut laisser de côté les gens à courte vue qui pratiquent avec une ardeur au moins naïve la théorie de l'abstention.

Donc, parmi les Français, les uns s'arrêtent obstinément à l'idée fixe de la revendication de notre frontière naturelle de l'Est, à la reprise d'abord de nos provinces perdues, à ce que j'appellerai la revanche de l'honneur.

Ce sont sans doute les plus sages et certainement les plus patriotes, ceux dont le cœur généreux ne peut vivre sous l'oppression humiliante de la défaite et de l'abaissement national.

Mais cette manière d'entrevoir la question n'est pas, grâce à Dieu, de l'abstention et de l'effacement; c'est, au contraire, du sentiment chevaleresque et ce que Déroulède appelle « l'héroïsme fou de nos pauvres vaincus », car on connait encore en France les belles folies.

Il existe, en second lieu, l'école des utilitaires, dont les visées colonisatrices et les ambitions commerciales ont créé un courant d'opinion qui nous pousse sans répit à l'extension des territoires exotiques de l'Afrique et de l'Asie.

J'ai déjà esquissé mes sentiments sur ce point, et je me contenterai d'appuyer mes arguments antérieurs par cette simple remarque : c'est que nos pires ennemis nous ont toujours encouragés dans nos tentatives de colonisation éloignée; à l'occasion même, ils nous ont prêté la main et le concours de leur puissante diplomatie. Or, vous connaissez le proverbe, renouvelé des Grecs : *Timeo Danaos, et dona ferentes.* Ceci soit dit, bien entendu, sans aucune allusion politique.

Je me permettrai donc de répondre à ces bons voisins de l'Est et du nord par cette maxime, devenue aussi classique : « Mon Dieu, préservez-moi de mes amis, quant à mes ennemis, je m'en charge. »

En d'autres termes, et pour parler plus clairement, si les Anglais et les Allemands nous incitent à développer notre domaine colonial, c'est apparemment qu'ils ont tout intérêt à nous lancer dans des aventures lointaines pour détourner nos pensées et nos regards de nos véritables revendications en Europe.

Toutefois, la question est plus complexe ; il ne s'agit pas seulement de savoir si nous devons avoir ou non des colonies et les étendre, mais bien de prendre position dans le duel commercial et industriel, engagé entre deux puissances également jalouses de la France et qui ont conjuré sa ruine.

Avec un homme politique qui est aussi un grand penseur, je répondrai hardiment qu'il ne faut prendre parti ni pour une ni pour l'autre.

Gardons-nous, comme d'un fléau, d'une alliance hybride et monstrueuse dont nous serions d'ailleurs les victimes, mais que Dieu nous préserve également d'une abstention et d'une neutralité coupables qui conduiraient fatalement notre patrie à l'anéantissement.

Maintenons fièrement et ouvertement notre influence dans le monde civilisé et colonial par des paroles indépendantes d'abord, puis par des actes énergiques, en nous rappelant cette maxime profonde de Donoso Cortès :

« Ceux qui demandent la civilisation sans la guerre, demandent la civilisation sans sa cause.

« En effet, les sociétés sont dans un état permanent de guerre, parce qu'il n'y a pas un seul point dans l'espace, une seule minute dans le temps, où les sociétés ne combattent contre les obstacles qu'elles ont toujours devant elles.

« Supprimez l'obstacle, la résistance, la lutte, la guerre enfin, vous avez supprimé avec elle toutes les civilisations. Alors la vie se retirera de l'univers ; l'univers ne sera plus que le tombeau de l'homme. »

Secouons, s'il est temps encore, ce manteau de Nessus qui pèse si lourdement sur les épaules de notre chère France, je veux dire le joug de cette juiverie cosmopolite. de cette haute finance qui seule, aujourd'hui, conserve ou renverse les gouvernements et dirige la politique du monde.

« L'argent, chez nous, a tout corrompu, écrivait, ces jours derniers, un publiciste ; il a altéré nos mœurs, créé le péril social. Le voilà qui détruit nos traditions diplomatiques. La France ne veut plus être, même par l'abstention, le défenseur des opprimés.

« La funeste habitude de jeter son épargne à l'étranger la lie à la politique des syndicats. Être une force diminuée n'est rien à côté de ceci : être une force sans idée. Nous voilà avec le Barbare contre l'Européen, avec le Musulman contre le Chrétien, avec l'oppresseur contre l'opprimé. Pourquoi? pour de l'argent. »

Et ne croyez pas, Messieurs, que je m'égare en ce moment et que je m'éloigne de mon sujet. Je suis en plein dans la politique coloniale; la preuve c'est qu'un homme d'État affirmait récemment que c'est la haute banque seule qui s'est toujours opposée à l'évacuation de l'Egypte par les Anglais.

Oui, nous entrons dans la ligue des syndicats de banque. Aussi a-t-on pu dire, sans exagération, que la Turquie avait acquis des droits à la protection de l'Europe, et qu'on ne laisserait pas attaquer un pays endetté qui a deux milliards de titres chez les banquiers.

La situation est la même, toutes proportions gardées, pour l'Egypte, l'Algérie, la Tunisie, le bas Niger, le Congo belge, l'Afrique australe et Madagascar. Dans ces colonies, et d'autres encore, les banques internationales, les syndicats et les sociétés anonymes possèdent d'immenses territoires agricoles, des concessions minières, des gisements aurifères et diamantifères, toutes valeurs mobilières et immobilières qui garnissent principalement les portefeuilles des financiers sans patrie, juifs ou judaïsants.

Et la politique coloniale, dans tous les pays du monde, est intimement liée à ces entreprises financières souvent louches ou véreuses, quand elle n'est pas dirigée par des combinaisons inavouables et de honteuses compromissions.

Revenons, s'il est possible, aux traditions colonisatrices de nos pères, dont la puissance résidait dans les familles nombreuses, au seizième et au dix-huitième siècles. Elles nous donnèrent ces nouvelles Frances qui s'appelaient : le Canada, la Louisiane, les Antilles, les Indes, la Réunion, dans lesquelles se développaient notre langue, nos idées, nos mœurs, notre religion.

« Par l'ascendant de son génie essentiellement sociable, — écrit un philosophe contemporain, — par le charme qui était en elle, la France d'autrefois avait conquis moralement, subjugué tous les peuples chez lesquels elle avait fondé des établissements...

« L'Angleterre ne colonise pas, elle conquiert, ou plutôt elle occupe solidement, vigoureusement, tenacement, mais à la surface seulement. Elle ne prend racine nulle part. »

Écoutez, en terminant, cette vibrante apostrophe de Donoso Cortès : « En France, tout est sympathie et expansion. Regardez partout, à l'Orient, à l Occident, au Nord et au Midi; cherchez un point de l'espace, fût-ce aux terres polaires, un point du globe où l'on souffre, où l'on est opprimé; entre ce point douloureux et le cœur de la France, aussitôt s'établit un courant électrique; sous cette secousse, le Français s'émeut, frémit et vole au secours. »

Mais, par-dessus tout, ayons confiance dans la mission providentielle de notre patrie. La France est encore, elle sera toujours, espérons-le, le soldat du Christ, armé pour la défense du faible et de l'opprimé.

En Afrique, comme dans toutes les contrées de la terre où règnent la cruauté, le fanatisme, la superstition et l'idolâtrie, notre rôle doit être, plus que pour toute autre nation, de faire triompher et fleurir les grands principes qui sont la base de la colonisation et de l'expansion civilisatrice :

LA JUSTICE ET LA VÉRITÉ !

www.ingramcontent.com/pod-product-compliance
Ingram Content Group UK Ltd.
Pitfield, Milton Keynes, MK11 3LW, UK
UKHW031942260826
14628UKWH00004B/1788

9 782019 700263